Kolu y otros relatos

von

Verena Beth, *El suspenso*

Katrin Boeck, *El misterio de Tikal*

Elisa Flores Fernández,
Un adolescente incomprendido

Jonas Christian von Moritz,
El pequeño y el gran don Quijote

Álvaro Ramos Colás, *Kolu*

Karin Amalia Steifensand,
Carmen

Ernst Klett Verlag
Stuttgart · Leipzig

1. Auflage   1 5 4 3 2 | 2017 16 15 14

Alle Drucke dieser Auflage sind unverändert und können im Unterricht nebeneinander verwendet werden. Die letzte Zahl bezeichnet das Jahr des Druckes.

Das Werk und seine Teile sind urheberrechtlich geschützt. Jede Nutzung in anderen als den gesetzlich zugelassenen Fällen bedarf der vorherigen schriftlichen Einwilligung des Verlages. Hinweis zu § 52a UrhG: Weder das Werk noch seine Teile dürfen ohne eine solche Einwilligung eingescannt und in ein Netzwerk eingestellt werden. Dies gilt auch für Intranets von Schulen und sonstigen Bildungseinrichtungen. Fotomechanische oder andere Wiedergabeverfahren nur mit Genehmigung des Verlages.

© Ernst Klett Verlag GmbH, Stuttgart 2013. Alle Rechte vorbehalten. www.klett.de

Autorinnen und Autoren: Verena Beth, Madrid; Katrin Boeck, Forst; Elisa Flores Fernández, Madrid; Jonas Christian von Moritz, Halle (Westfalen); Álvaro Ramos Colás, Heilbronn; Karin Amalia Steifensand, Wildberg

Redaktion: Miguel Freire Gómez
Gestaltung: Miriam Brusniak

Illustrationen: jani lunablau, Barcelona
Druck: AZ Druck und Datentechnik GmbH, Kempten/Allgäu

Printed in Germany.
ISBN 978-3-12-536908-5

Contenido

El suspenso 4
de Verena Beth

Carmen 9
de Karin Amalia Steifensand

El misterio de Tikal 11
de Katrin Boeck

El pequeño y el gran don Quijote 17
de Jonas Christian von Moritz

Kolu 23
de Álvaro Ramos Colás

Un adolescente incomprendido 26
de Elisa Flores Fernández

Ejercicios 32

El suspenso

—Mi madre se va a enfadar mucho. Soy un desastre, —dice Gema.
Ella y su compañero de clase Pablo están sentados en la cafetería del instituto.
—Mi padre no me va a dejar salir en todo el verano, —comenta Pablo.
En este momento llega Sofía, una vecina de Pablo.
—¿Cómo lo has hecho tú? —le pregunta Pablo. —He suspendido Historia del Arte igual que Gema.
Sofía coge una silla y se sienta con ellos.
—Tranquilo. Tenéis todo el verano para estudiar y aprobar en septiembre, ¿no? Si queréis…
En ese momento suena el timbre y a Sofía no le da tiempo a terminar la frase. Todos se levantan rápidamente para no llegar tarde a la siguiente clase.
Por la tarde Gema está sola y deprimida en su cuarto. Su madre está muy enfadada y ahora tiene que estudiar en las vacaciones para recuperar la asignatura. En este momento, suena su móvil. Es Pablo.
—¡Hola, Pablo! —contesta Gema al teléfono con una voz triste y cansada. —¿Qué tal te ha ido con tu padre?
—Pues, por el momento me ha castigado sin Internet y sin videojuegos hasta septiembre, —le cuenta Pablo. —¡Qué rollo nuestros padres! ¿Verdad?
—Sí, en fin… Nos vemos mañana en el instituto, ¿vale?
—Claro. Hasta mañana.
Cuando cuelga el teléfono, Gema recibe un mensaje.

---

8 **suspender (una asignatura)** (in einem Schulfach) durchfallen – 11 **aprobar** bestehen – 18 **recuperar** nachholen – 20 **la voz** die Stimme – 22 **castigar** bestrafen – 23 **¡Qué rollo!** Echt nervig! – 27 **colgar** auflegen

> Encuentra la respuesta a la siguiente pregunta si quieres aprobar la asignatura en septiembre: ¿Cómo se llama el barco en el que viaja Cristóbal Colón cuando descubre América? Búscalo en Internet.

Gema se queda sin palabras. ¿De quién es ese mensaje? No conoce el número. Suena el móvil otra vez. Es Pablo.
—¡Hola, Pablo! No te vas a creer lo que acabo de recibir.
—Creo que lo mismo que yo, —contesta Pablo. —¿De quién puede ser el mensaje? ¿Qué hacemos?
—Como tú estás castigado sin Internet, —dice Gema —¿por qué no vienes a mi casa y buscamos la respuesta?
A los quince minutos ya está Pablo en casa de Gema. Inmediatamente encienden el ordenador y se ponen a trabajar. Gema escribe en un buscador de Internet «Cristóbal + Colón + barco» y les salen muchísimas páginas. Mientras navegan por Internet encuentran muchos datos sobre Colón y el Descubrimiento de América.
—¡Ahí está! —exclama Pablo. —El barco se llama Santa María.
Gema escribe en su móvil: «El barco se llama Santa María» y envía la respuesta al mensaje misterioso. Mientras esperan una respuesta, Gema va a la cocina y vuelve a su cuarto con un poco de tortilla, queso y jamón. Los chicos comen y hablan sobre lo que han encontrado en Internet. De repente llega otro mensaje.
—¡Estupendo! —lee Gema en voz alta. —Ahora la siguiente pregunta: ¿Qué es *El Guernica*? La respuesta la vais a encontrar en el museo Reina Sofía. ¡Suerte!
—Vaya, —dice Pablo. —¡¿Y ahora hay que ir al museo?!

---

3 **el barco** das Schiff – 5 **descubrir** entdecken – 13 **inmediatamente** sofort – 14 **encender** einschalten – 14 **ponerse a** anfangen zu – 15 **el buscador** die Suchmaschine – 16 **navegar** surfen

Pues no tengo ganas. Quiero ver el partido de fútbol en casa.
—¡Venga, Pablo! —contesta Gema. —El partido es a las nueve menos cuarto. Tenemos todavía tres horas.
— Bueno, vale… —dice Pablo.
Salen enseguida. Cogen el metro y se bajan en la estación Atocha. Desde allí solo tienen que andar unos minutos. Cuando llegan al museo, Gema lee en el cartel de tarifas que una entrada cuesta seis euros. Pablo no lleva dinero.
—Bueno, compro yo las entradas… pero voy a gastar toda mi paga de esta semana, —dice Gema preocupada. —El siguiente museo lo pagas tú.
—¿Qué quieres decir con eso? ¿Me estás pidiendo una cita? —pregunta Pablo con una sonrisa. —Mira, te voy a dar una buena noticia: has leído mal. Para menores de dieciocho años la entrada es gratuita. Lo pone más abajo.
—¡Genial! —le contesta Gema y entran en el museo.
En el museo no solo hay cuadros, sino también esculturas muy divertidas. Ellos comentan los cuadros del museo: algunos les parecen muy raros, pero otros les parecen muy bonitos. Pablo y Gema están tan entretenidos que casi olvidan su misión. Hay un cuadro que le encanta a Gema: *Figura en una ventana* de Salvador Dalí.
En otra sala Pablo se queda mirando un cuadro enorme.
—¡Aquí lo tenemos! —grita Pablo.
Gema lee la explicación:
El Guernica del pintor Pablo Picasso representa el sufrimiento durante la Guerra Civil.
Enseguida envía un mensaje a la persona misteriosa. También hace una foto para mandarla con el mensaje.

---

1 **el partido** das Spiel *(im Sport)* – 6 **andar** zu Fuß gehen – 8 **la entrada** die Eintrittskarte – 10 **la paga** das Taschengeld – 12 **la cita** das Date, die Verabredung – 13 **la sonrisa** das Lächeln – 20 **entretenido, -a** abgelenkt – 26 **representar** darstellen – 26 **el sufrimiento** das Leiden – 27 **la Guerra Civil** der spanische Bürgerkrieg (1936 – 1939)

Al salir del museo, les llega la contestación:

> «¡Muy bien! Si queréis saber quién soy, solo tenéis que responder la última pregunta. ¿Quién es el mejor amigo de Sancho Panza? La respuesta está en la Plaza de España».

Los chicos cogen la línea 1 hasta la parada Sol. Ahí cambian a la línea 3 hasta Plaza de España. Como hace calor, se compran un refresco y también un bocadillo de calamares y se sientan a tomar el sol en la plaza.

—La verdad es que un poco de historia y los museos de arte no está tan mal, —cuenta Pablo.

—Sí, tienes razón, —afirma Gema. —A lo mejor, si trabajamos un poco más en el instituto aprobamos sin ningún problema.

—Y si miráis detrás de vosotros, vas a ver la respuesta a la última pregunta, —dice una voz de repente.

Los dos se giran y ven a Sofía que les señala una estatua. Debajo de la estatua pone «Don Quijote».

—¡Claro! —dice Gema, —Sancho Panza es el mejor amigo de don Quijote.

—Ya no tenéis que mandar la respuesta —dice Sofía.

—¡¿Tú has enviado los mensajes?! —pregunta Pablo.

—Pues sí. Los dos me habéis dado lástima esta mañana y he pensado que podía ayudaros un poco. Si queréis, os puedo ayudar a recuperar la asignatura, —propone Sofía.

—¡Qué guay! —responde Pablo. —¿A qué museo vamos mañana? Yo invito.

---

7 **cambiar** umsteigen – 16 **de repente** plötzlich – 17 **girarse** sich umdrehen – 17 **señalar** auf etwas zeigen – 23 **dar lástima** leid tun

Carmen

Un día llega Carmen del colegio a casa. Deja su mochila con sus útiles en su habitación y corre al cuarto de baño.
Como su madre sabe que a Carmen le gustan los guisos, hoy ha hecho para comer un guiso de lentejas. Después de esperar unos quince minutos, la llama.
—¡Carmen, ven a comer! ¡La comida está lista!
Cuando Carmen se sienta a comer, su madre ve que los ojos de Carmen están rojos y un poco hinchados. Su madre se pregunta: «¿Qué ha pasado con Carmen? ¿Por qué ha llorado?».
Carmen come muy poco y después de la comida se va muy rápido a su habitación.

2 **los útiles** die Schulsachen – 3 **el guiso** der Eintopf – 4 **las lentejas** die Linsen – 8 **hinchado, -a** geschwollen

Cuando su madre pasa por delante de la puerta de la habitación de Carmen, escucha que su hija está llorando. Toca a la puerta y le pregunta:
—¿Cariño, estás bien?
—Sí, estoy bien, mamá, —responde ella con voz temblorosa.
La madre nota que algo ha pasado. Abre la puerta, entra en la habitación y se sienta al lado de su hija en la cama.
—¡Cariño! —le dice, —si hay algo que te pone triste, me lo puedes contar. Sé que a veces no te entiendo, pero a lo mejor esta vez te puedo ayudar.
Carmen levanta la cabeza y comienza a contar sobre esa mañana en el colegio: Hoy al salir del colegio, unos chicos del curso se han burlado de ella. No exactamente de ella, sino más bien de su ropa. La miraron, se rieron y gritaron: «¡Seguro que la ropa se la dio la Cruz Roja! ¡Mira que fea y anticuada es!».
La madre la abraza, la tranquiliza y le dice:
—¡Carmen, cariño! ¡No le hagas caso a las burlas! Si te dicen algo así, piensa lo siguiente. Primero: ¿me gusta lo que tengo puesto? Segundo: ¿me siento bien cuando me lo pongo? Y tercero: ¿tengo que gustarle siempre a los demás? Además, las personas que se fijan solamente en la ropa, no tienen ningún interés en conocerte como persona. ¡Piénsalo!
Carmen dejó de llorar, miró a su madre, le dio un beso y le dijo:
—¡Gracias!

---

2 **tocar a la puerta** an die Tür klopfen – 5 **tembloroso,-a** zittrig – 8 **¡Cariño!** Liebling! – 8 **poner triste** traurig machen – 11 **levantar la cabeza** den Kopf heben – 13 **burlarse de** sich lustig machen über – 13 **sino más bien** eher – 14 **reírse** lachen – 14 **gritar** schreien – 15 **anticuado,-a** altmodisch – 17 **no hacer caso** nicht beachten – 17 **la burla** die Hänselei – 18 **lo siguiente** das Folgende – 21 **fijarse en** auf etw. achten – 23 **dejar de** aufhören

El misterio de Tikal

—¡Esperadme! —grita Paula que ve desaparecer a sus padres y a su hermana, Helena, entre los grandes árboles de la selva, todavía cubiertos por la niebla de la mañana.
De lejos, Paula ve a su hermana que la está esperando.
—Paula, ven, ¿por qué vas tan lenta? —le pregunta.
—Es que he visto un perezoso en un árbol, —cuenta Paula que está muy contenta. Le encantan los animales exóticos.
—Pues, la visita a la selva la vamos a hacer mañana, —dice Helena. —Hoy tenemos la visita a Tikal, ¿te acuerdas? Hay que ir rápido, después hay mucha gente.
—¡Vale! —dice Paula que se da prisa.
Pronto las chicas alcanzan a sus padres.
—Paula, ¿dónde has estado? —pregunta el padre.
—Se ha hecho amiga de un perezoso, —dice Helena sarcástica.
—Nada de perezosos ahora, hay que ir a las ruinas, —dice la madre.
Caminan un rato por la selva y Paula empieza a soñar con seres mágicos y animales desconocidos. Ella se para varias veces para mirar ese mundo maravilloso. La familia llega a un claro y delante de ellos están las pirámides de Tikal. Hay una vista maravillosa de los edificios antiguos entre los árboles de la selva en la luz de la mañana. Todos están fascinados. La madre es la primera que rompe el silencio.
—El Templo de la Serpiente, —dice.
Todos miran la gran pirámide, el símbolo de Tikal.
—¡Vamos a subir! —dice el padre.

---

2 **la selva** der Regenwald – 3 **cubierto,-a** bedeckt – 6 **el perezoso** das Faultier – 12 **alcanzar** einholen – 19 **el ser** das Wesen – 21 **el claro** die Lichtung – 22 **la vista de** der Blick auf – 24 **romper el silencio** das Schweigen brechen – 25 **la serpiente** die Schlange

Van hacia la pirámide todos menos Paula que se queda atrás para admirar el lugar. En ese momento, ve en un árbol un pájaro rojo y verde, que la observa. ¡Es un quetzal! El quetzal, el pájaro sagrado de los mayas. ¡Qué suerte ver un quetzal! Paula está muy contenta. Sabe que los quetzales raramente se dejan ver. Y ese quetzal vuela hacia Paula y se posa en su brazo. Paula se queda inmóvil.
—¡Hola, pajarito! —le dice. —¿Qué me cuentas?
Entonces el pájaro empieza a volar, vuela hacia la selva y vuelve. Lo repite varias veces, cantando nervioso.
—¿Tengo que seguirte? —pregunta Paula y lo sigue.
El quetzal vuela lentamente y mira a Paula, para estar seguro de que ella lo sigue por el camino hacia la selva. El camino es cada vez más estrecho, y la selva más oscura. Pero Paula lo sigue porque sabe que va a descubrir algo maravilloso. Un momento después, el pájaro se posa en un árbol en un pequeño claro de la selva. Paula mira. Ve grandes árboles, plantas exóticas, oye los aullidos de los monos, el canto de los pájaros y otros ruidos de la selva. Es un lugar paradisíaco. ¿Pero por qué la ha traído el quetzal aquí? Entonces ve una roca entre los árboles, cubierta de liquen. De la roca sale una extraña luz azul. Paula va hacia allí. Ve que la roca está abierta por un lado y que es posible entrar. Curiosa, Paula entra en una pequeña cueva iluminada por esa luz azul.
De repente, oye una voz:
—*Tu 'ux a kaajal?*
Paula se gira y ve a un chico que la mira con curiosidad. El chico se parece a los indios que vio ayer en el mercado de Chichicastenango. Pero este chico no lleva la ropa tradicional de los indios, sino solamente un taparrabos. Su cuerpo y sus brazos están pintados de azul y blanco.

---

3 **el pájaro** der Vogel – 4 **sagrado,-a** heilig – 6 **posarse** sich setzen –
7 **quedarse inmóvil** sich nicht bewegen – 11 **seguir** folgen – 14 **estrecho,-a** eng –
18 **el aullido** das Geschrei – 18 **el mono** der Affe – 21 **la roca** der Fels –
21 **el liquen** die Flechte – 23 **curioso,-a** neugierig – 24 **la cueva** die Höhle –
26 **girarse** sich umdrehen – 30 **el taparrabos** der Lendenschurz

—*Bix a kaaba?* —dice el chico. Paula no lo entiende, pero instintivamente hace un gesto con la mano.

—Yo soy Paula. ¿Y tú? —le dice ella.

El chico no dice nada, solo la mira intensamente con sus bonitos ojos oscuros. Paula ve que en su ojo derecho tiene una mancha blanca en forma de media luna. El chico se pone de rodillas delante de ella. Luego se levanta y la mira. Paula está fascinada. Él le hace un gesto. Quiere que lo siga por el pasillo de la cueva. Paula empieza a oír voces, cada vez más fuertes. Al final del pasillo hay una sala con antorchas en las paredes que parece un palacio. La sala está llena de gente que mira hacia un hombre con la cara pintada de colores y plumas en la cabeza. Está sentado en un trono. Parece un rey.

—Esto parece que es una ceremonia maya, a lo mejor es un espectáculo histórico, —piensa Paula.

El rey se levanta y empieza a hablar. Todos se callan. Se hace un silencio impresionante. El chico le da la mano a Paula que está fascinada por todo lo que ve. De repente, entran dos hombres con un jaguar. Van hacia el trono y ponen el jaguar a los pies del rey que grita una palabra. El chico suelta la mano de Paula y va hacia del jaguar. Uno de los hombres coge un gran cuchillo y…

—¡No! —grita Paula sin querer.

De repente, todos se giran hacia ella. Cuando la ven, hay un gran tumulto. Algunos se acercan para mirarla, otros la quieren tocar.

—*Ixcheel* —grita el chico.

Todos se paran. Se ponen de rodillas delante de Paula que no sabe qué hacer. El joven viene y la saca rápidamente de la cueva, corren por la selva y llegan a un claro. Paula está sorprendida, porque ya se hace de noche. Se sientan en la orilla de un estanque con una pequeña catarata. El chico le dice

---

6 **la mancha** der Fleck – 6 **la media luna** der Halbmond – 6 **ponerse de rodillas** sich niederknien – 10 **la antorcha** die Fackel – 12 **la pluma** die Feder – 13 **el trono** der Thron – 13 **el rey** der König – 22 **el cuchillo** das Messer – 32 **el estanque** der Teich – 32 **la catarata** der Wasserfall

cosas en su lengua y la abraza. Paula se siente segura con él. Se quedan mirando un rato el agua, en la que se refleja la media luna. Paula se siente tranquila y feliz, y mientras piensa en su familia, se duerme.

—Paula, Paulita, cariño… —la despierta una voz.
Ella abre los ojos y ve a su madre. También están su padre, Helena y dos guías.
—Cariño, ¿qué has hecho? ¿Dónde has estado? —dice la madre preocupada.
—Ahí, hay una roca, y… hay una sala… ¿Habéis visto gente? Iban a matar un jaguar y… —dice Paula, aún medio dormida y confusa.
Los guías se miran y sonríen.
—Seguro que ha sido un sueño, muchacha, —dice uno de ellos. —Aquí ya no hay fiestas. Están prohibidas.
De repente, el guía mira sorprendido el brazo de Paula.
—¿Y ese símbolo? ¿Cómo lo has pintado?
Paula mira su brazo y ve, pintado en azul, el símbolo de una media luna con un jaguar.
—No sé… a lo mejor ese chico… —dice Paula.
—Esto es misterioso, —dice el guía. —Os voy a contar una leyenda, una antigua leyenda maya. Dicen que en Tikal todavía hay varios edificios sin descubrir, y que en uno de ellos, hace más de 1000 años, pasó lo siguiente: El joven príncipe Media Luna desapareció el día de su presentación como sucesor del rey Jaguar Tranquilo. La leyenda dice que en el momento de hacer el sacrificio a los dioses, apareció una bella diosa que se llevó al príncipe y él nunca volvió. La única cosa que vieron después de su desaparición fue este símbolo que llevas tú en el brazo, lo encontraron en la pared de una cueva.
Paula tiene la piel de gallina.

---

2 **reflejarse** sich widerspiegeln – 7 **el /la guía** der/die Reiseführer(in) –
15 **prohibido, -a** verboten – 22 **la leyenda** die Legende, die Sage –
25 **la presentación** die Vorstellung – 25 **el sucesor** der Nachfolger –
27 **el sacrificio** das Opfer – 28 **el dios, la diosa** der Gott, die Göttin –
32 **la piel de gallina** die Gänsehaut

—¿Cómo puede ser? ¿Ese chico es… un príncipe maya? —se pregunta a sí misma.

Ella no habla más de su aventura porque seguramente nadie la va a creer. El resto del viaje, Paula se queda al lado de su familia, pero no puede olvidar esa extraña historia. ¿Fue solo un sueño? ¿Solo su imaginación?

Pronto se acaban las vacaciones. Cuando suben al avión que los va a llevar a Madrid, Paula está triste y sabe que ahora empieza la vida normal, en la gran ciudad, en el instituto con los deberes y los exámenes… En este momento Paula decide estudiar Arqueología y volver algún día para descubrir el secreto del príncipe maya.

Cuando el avión despega, Paula cierra los ojos y ve otra vez al rey maya, la sala, el jaguar, los ojos oscuros del chico, su voz suave… De pronto, una voz conocida.

—Hola, muchacha.

¡No puede ser! ¡Es la voz de…! Paula se da la vuelta. Ahí está él: un chico alto, moreno y delgado. Tiene unos grandes ojos oscuros, y en su ojo derecho hay una mancha blanca en forma de media luna.

---

10 **decidir** beschließen – 13 **despegar** abheben – 15 **la muchacha** das Mädchen

El pequeño y el gran don Quijote

—¡No me preguntes, Fran, y déjame en paz! ¡Eres un pequeño don Quijote! —grita el profesor González.
Fran, un chico de 13 años, ha enfadado una vez más a su profesor de Matemáticas. Esta vez ha protestado porque el examen de cálculo porcentual ha sido demasiado difícil y porque ellos no han tenido tiempo de preparar la materia. Gonzo, como toda la clase llama al profesor, ha estado enfermo las últimas dos semanas y los alumnos han tenido que preparar cálculo porcentual en casa. Ningún alumno se ha atrevido a decir al profesor que eso no es justo. Todos tienen miedo de su voz grave y de su mirada seria. Y este es el resultado: Fran ha sacado una muy mala nota: solo un 3.
—¡Diablos! ¡Qué mal rollo! ¡Dos semanas antes de las vacaciones! ¿Qué van a decir mis padres? —piensa Fran.
Son las cinco de la tarde. La clase ha terminado. Como todos los días, Fran y su amigo Ramón salen del instituto para ir a la parada. Tienen que tomar el bus porque su instituto está en el centro de Tarragona y los dos chicos viven en La Canonja, a media hora del centro de la ciudad. Normalmente, hablan de los resultados del Barça o de Rosa, la chica de su clase por la que todos los chicos están locos. Pero hoy tienen que desahogar su enfado.
—Pues, ¿por qué discutes con Gonzo? ¡Sabes que no acepta nunca nuestra opinión! —dice Ramón.
—Pero no es justo. No podemos aprender en un solo día lo que otras clases aprenden durante semanas, —le dice Fran.
—Tienes razón. Pero no sirve de nada discutir con él. Es el profesor. Y si lo provocas, nos va a odiar aún más.

---

2 **gritar** schreien – 4 **protestar** sich beschweren – 5 **el cálculo** die Rechnung –
9 **atreverse** sich trauen – 11 **la mirada** der Blick – 11 **serio,-a** ernst – 11 **el resultado** das Ergebnis – 13 **¡Diablos!** Verdammt! – 13 **¡Qué mal rollo!** So ein Mist! –
21 **loco,-a** verrückt – 21 **desahogar** *(ein Gefühl)* herauslassen – 27 **no sirve de nada** es nützt nichts

—¡Me defiendo contra la injusticia! Además, me ha enfadado. ¿Qué me ha dicho? ¿Que soy un pequeño don Quijote? ¿Qué quiere decir eso?

El bus llega y los dos chicos suben.

—Pues, ¿no conoces a don Quijote, el caballero andante, que vive muchísimas aventuras?

—¡Claro que lo conozco! Pero, ¿por qué soy yo un don Quijote?

—No te preocupes. No tienes que tomar eso en serio, —dice Ramón. Sin embargo, Fran no puede dejar de preguntarse por qué Gonzo lo ha llamado «pequeño don Quijote».

El bus se para en la calle de los Plátanos. Fran se despide y baja. Después cruza la calle y entra en el bloque de pisos donde vive desde hace nueve meses con sus padres y Maite, su hermana pequeña. Antes vivían en una casa bonita con un jardín y una pequeña piscina no lejos del mar. Pero llegó la crisis. Jorge, el padre de Fran, perdió su trabajo de ingeniero y ahora está en el paro. Desde hace tres años busca desesperadamente un nuevo puesto, pero aparte de trabajos pequeños, todavía no ha encontrado nada. Y la madre, que trabaja en una residencia de ancianos, no gana mucho dinero. Por eso, la familia tuvo que vender su casa y alquilar un piso pequeño.

Antes Fran estaba contento cuando volvía a casa. Le gustaba hablar de lo que pasaba en el instituto. También le encantaban las historias que contaba su padre sobre sus viajes de trabajo al extranjero.

Pero ahora a Fran no le gusta volver a casa. No le gusta el ambiente. Normalmente, el padre está sentado en el sillón y ve la tele, y su madre riñe con él: «¡Jorge, ayúdame! ¡Jorge, baja la basura!». Discuten cada vez más y ríen cada vez menos. Y hoy Fran ha sacado una mala nota en el examen de Matemáticas.

---

1 **la injusticia** die Ungerechtigkeit – 5 **el caballero andante** der fahrende Ritter – 15 **la piscina** der Pool – 16 **perder** verlieren – 17 **estar en el paro** arbeitslos sein – 17 **desesperadamente** verzweifelt – 18 **un puesto** eine Arbeitsstelle – 20 **la residencia de** das Altersheim – 29 **reñir** schimpfen

Fran abre la puerta del piso y entra en el salón. Maite, su madre y su padre están en la mesa con caras tristes.

—No podemos continuar así, —dice la madre. —No podemos vivir de tu subsidio y de mi pequeño salario. ¿Por qué no intentas encontrar un puesto en Alemania como Jaime, tu antiguo compañero?

El padre se calla. Tiene lágrimas en sus ojos. Ese ambiente triste le facilita a Fran hablar sobre las notas.

—¡Es un desastre! —le dice el padre.

Sus padres le dicen que tiene que estudiar más antes del próximo examen. Fran no habla de la injusticia del profesor González, pero todavía está pensando en lo que le dijo: «¡Eres un pequeño don Quijote!». Por supuesto que conoce a don Quijote. Toda España conoce a don Quijote. Pero él no lo conoce bien.

Después de la cena, la madre se va a la cama y el padre ve la televisión. Fran echa una mirada en la estantería del salón donde hay un libro en el que está escrito: *Don Quijote de la Mancha*. Fran lo toma, se va a la cama y lo hojea un poco. En las primeras páginas hay imágenes de un hombre alto que tiene una lanza y un escudo en sus manos. Y debajo está escrito: Don Quijote.

Fran empieza a leer. Don Quijote es un hombre mayor que lee muchísimos libros de caballería. Poco a poco se vuelve loco y empieza a pensar que también él es un caballero. Se arma y monta en un caballo que se llama Rocinante. Y busca aventuras: lucha contra molinos de viento porque piensa que son gigantes. Y con frecuencia le dan palizas.

—¡Qué idiota! Y Gonzo dice que soy un pequeño don Quijote. ¡Yo!

---

3 **continuar** weitermachen – 4 **el subsidio** das Arbeitslosengeld – 4 **el salario** das Gehalt – 5 **antiguo,-a** *hier:* ehemalig – 7 **callarse** schweigen – 7 **la lágrima** die Träne – 17 **echar una mirada** einen Blick werfen – 19 **hojear** durchblättern – 21 **el escudo** – der Schild – 24 **el libro de caballerías** der Ritterroman – 25 **armarse** sich rüsten – 26 **montar en un caballo** auf ein Pferd steigen – 26 **luchar** kämpfen – 26 **el molino de viento** die Windmühle – 27 **con frecuencia** oft – 27 **dar una paliza** eine Tracht Prügel verpassen

Al día siguiente Fran y sus compañeros de clase vuelven a hablar del examen de Matemáticas y de Gonzo. Todos están enfadados.

—¡Basta! Voy a hablar con el director, —dice Fran enfadado.

—¡No sirve de nada! —dicen sus compañeros. —¡Los profes son como uña y carne!

Sin embargo, Fran no cambia de opinión. En el recreo va al despacho del señor Álvarez Castro, el director, un hombre alto al que tienen miedo todos los alumnos. Cuando Fran está enfrente de la puerta, empieza a temblar.

—Si los otros tienen razón, voy a tener todavía más problemas, —piensa. Pero ya está en el despacho del director.

—¿Qué? —pregunta este muy serio. Fran le cuenta al señor Álvarez todo lo que ha pasado. Cuando termina, el director todavía lo mira seriamente.

—Gracias, —le dice. —Voy a hablar con el profesor González. Pero la cara del señor Álvarez no le gusta a Fran.

—Seguro que no me ha tomado en serio, —piensa Fran cuando sale del despacho.

Por la tarde Fran recibe una llamada de Ramón. Le dice que sus padres le han prohibido salir con los amigos. Decepcionado, Fran se va a la cama, donde todavía tiene el libro *Don Quijote de la Mancha*. Lo toma y vuelve a leer. Don Quijote vive muchas decepciones, pero sigue creyendo en sus principios. ¿Por qué?

A las diez y media, el padre entra en el cuarto de Fran.

—Papá, no vas a ir al extranjero, ¿verdad?

—¡Seguro que no, hijo!

—Mamá dice que aquí ya no hay trabajo para ti.

—Es verdad. Mamá dice eso. Pero yo no lo creo. No quiero irme. Quiero quedarme aquí con vosotros. Todavía no he perdido la esperanza.

Fran sonríe.

---

6 **ser uña y carne** unter einer Decke stecken – 8 **el despacho** das Büro –
10 **temblar** zittern – 21 **prohibir** verbieten – 24 **la decepción** die Enttäuschung –
32 **la esperanza** die Hoffnung

El padre le da un beso, apaga la luz y sale del cuarto. Fran piensa en lo que le ha dicho su padre, en su visita de esta mañana al director y en las aventuras de don Quijote.
Al día siguiente Fran tiene Matemáticas con Gonzo. Los alumnos esperan y esperan, pero el profesor no viene. ¿Estará otra vez enfermo? Montserrat, la mejor de la clase, quiere ir a la secretaría para preguntar dónde está Gonzo. De repente el señor Álvarez Castro aparece y Gonzo lo sigue.
—¡Por amor de Dios! —piensa Fran —¿Qué pasa ahora?
Los alumnos escuchan con mucha curiosidad al director.
—Queridos alumnos, —empieza el director —ayer, uno de vuestros compañeros me habló del problema con el profesor González. Hemos estado hablando y vamos a anular el resultado del examen. Vais a preparar otra vez cálculo y dentro de dos semanas vais a hacer otro examen.
El director sale del aula. Los alumnos casi no pueden creer lo que han escuchado. Todos le dan las gracias a Fran y en el recreo, Rosa le da un beso. Fran está contentísimo y se propone aprender mucho para el próximo examen. Pero, sobre todo, está orgulloso de haber sido tan valiente.
En el bus, Ramón le da otra vez las gracias:
—¡Fran, tu valentía es admirable! Tenías razón: vale la pena creer en la justicia.
Orgulloso, Fran vuelve a casa. Cuando entra en el salón toda la familia está sentada en la mesa y sonríen.
—¿Qué pasa? —pregunta Fran.
—Fran, hay buenas noticias, —dice la madre.
—No, déjame que lo cuente yo, —la interrumpe el padre. —Esta semana me han llamado de una fábrica de automóviles para una entrevista de trabajo y hoy me han dicho que tengo el puesto.

---

1 **apagar** ausschalten – 9 **¡Por amor de Dios!** Um Gottes Willen! – 10 **la curiosidad** die Neugier – 18 **proponerse** sich vornehmen – 20 **orgulloso, -a** stolz – 20 **valiente** mutig – 22 **admirable** bewundernswert – 22 **valer la pena** sich lohnen – 28 **interrumpir** unterbrechen – 30 **la entrevista de trabajo** das Vorstellungsgespräch

Entonces Fran, contento, cuenta lo que ha pasado en el instituto.

—Hijo, ¡estamos tan orgullosos de ti! —le dice la madre.

A medianoche, Fran se va a la cama. En su escritorio todavía está el libro *Don Quijote de la Mancha*. Fran piensa en las aventuras del caballero andante. Ahora admira a don Quijote y su fe inquebrantable. En ese momento, el padre entra en la habitación.

—Papá, eres como don Quijote: cuando crees en algo, no abandonas nunca, —le dice Fran.

—¡Y tú también eres un pequeño don Quijote.

Fran tiembla un poco. Son las mismas palabras de Gonzo hace dos días. Pero esta vez no se enfada, está orgulloso. Y se propone leer un día todo *El Quijote*.

---

7 **la fe inquebrantable** der unerschütterliche Glaube – 10 **abandonar** *hier:* aufgeben

Kolu

Aquella era una tarde de invierno como casi todas las de mi ciudad, es decir, fría y con lluvia. Yo, después del instituto, ya estaba en casa y esperaba tranquilamente la comida. Mi padre leía el periódico cansado después de un duro día de trabajo. Este era mi mundo, en el que vivía y en el que me sentía lejos de todos los problemas.
—¡La comida está lista! —dijo mi madre de repente desde la cocina. —¡¡A comer!! —repitió con un tono más fuerte.
Nos sentamos a la mesa y comenzamos a comer sin hablar. Cada uno pensaba en sus cosas, pero yo tenía algo que decirles. El problema era que, sin saber exactamente por qué, sabía que no les iba a gustar mucho. Siempre que decía que iba a hacer algo con mi amigo Kolu, no les parecía bien.
—Por la tarde voy a casa de mi amigo a hacer los deberes.
—Muy bien, —contestó mi padre sin demasiado interés —¿Y quién es ese amigo? ¿Jon? ¿Marcos?
—No… bueno… —dudaba, no sabía que responder, —es que…
—¿Qué? ¿A casa de quién? —preguntó mi madre, que al contrario que mi padre, se dio cuenta de que yo no quería dar una respuesta.
—A casa de Kolu, —respondí rápidamente.
Entonces mi padre, de repente, volvió a la realidad de la mesa y de la conversación, cruzó una mirada con mi madre. Ya sabía yo que algo así iba a pasar.

---

13 **no les parecía bien** sie fanden das nicht gut – 20 **darse cuenta de** merken –
24 **cruzar una mirada** einen Blick wechseln

—¿Kolu…? ¿El chico de…?
—Sí, Kolu, el chico africano que llegó hace poco. Hacemos muchas cosas juntos. Además, aprende muy rápido y ya habla muy bien nuestro idioma.
—Pablo, ya te dijimos que era mejor tener amigos como… ya sabes… como nosotros…
El tono de voz de mi madre parecía querer decir algo que sus palabras no podían expresar con claridad.
—Pero mamá, ¡¡lo pasamos bien juntos!! Nos gusta jugar al fútbol, a la videoconsola, ver la tele con sus hermanas…
La conversación terminó ahí. Me quedó claro que no podía ir. Yo, desde mis ojos de niño, no lo entendía. A pesar de ello, después de comer, me puse mi abrigo, los guantes y el gorro para ir a casa de mi amigo. Allí me esperaban, además de Kolu, sus cuatro hermanas mayores, su abuelo y su abuela, todos muy simpáticos conmigo, aunque yo no entendía lo que me decían, ya que ellos, al ser mayores, no aprendían tan rápido nuestro idioma como Kolu. Sus padres nunca estaban en casa, trabajaban mucho y muy duramente: la madre limpiaba en algunas casas y el padre cargaba camiones. Tenían poco en casa, pero no les faltaba nada para vivir. Salieron de su país donde pasaron hambre y miedo por una guerra civil. Tal vez más miedo que hambre, porque, como me explicaba Kolu, cuando uno tiene miedo no se acuerda de que no ha comido. Cuando llegué al enorme bloque de edificios donde vivían, miré hacia arriba, a la planta once, para ver si Kolu estaba en el balcón para saludarme. No estaba y me pareció muy raro, era la primera vez que no estaba en su balcón cuando yo llegaba. Cogí el ascensor viejo y lleno de grafitis. Nunca se me hizo tan largo subir los once pisos. Al fin llegué y llamé al timbre de su casa. Pasaron diez segundos… veinte… Nadie abría la puerta. ¡Qué raro! Eran tantos en una casa tan pequeña que

---

11 **me quedó claro…** es wurde mir klar – 20 **cargar** beladen – 21 **faltar** fehlen – 22 **pasar hambre** Hunger leiden – 22 **la guerra civil** der Bürgerkrieg – 24 **acordarse** sich erinnern – 27 **me pareció raro** ich fand es merkwürdig – 30 **se me hizo…** es kam mir … vor – 30 **llamar al timbre** klingeln

siempre abrían la puerta casi al momento. Llamé otra vez, con igual suerte: no había nadie dentro, pero eso no era posible, los abuelos eran mayores y casi no salían de casa. No entendía absolutamente nada. Me puse muy nervioso y decidí llamar al piso de al lado y me abrió otra mujer de color.
—Señora, —pregunté preocupado, —¿sabe usted algo de mi amigo Kolu?
Ella miró hacia abajo. Estaba claro que no quería decir algo doloroso.
—¡¡Dígame por qué no me abre la puerta mi amigo!! —le pedí casi con lágrimas en los ojos.
—La policía los ha echado hoy de casa, se los han llevado... —me respondió sin poder reprimir sus lágrimas.
—¡¿Cómo?! ¡¿Por qué?! —preguntaba yo.
—Eran ilegales, sin papeles... —contestó y cerró la puerta.
Me fui, bajé a pie las once plantas del bloque, caminé y caminé por toda la ciudad, sin saber adónde. Solo podía pensar en cómo se puede tratar así a alguien, como un objeto, simplemente porque no tiene un «papel».
Desde aquel día han pasado ya treinta años; no volví a saber nada de Kolu ni de su familia. Ahora sé lo que son los permisos de residencia y cómo se consiguen, pero lo que sigo sin entender es cómo se le puede llamar a un ser humano, con su familia, su vida, sus costumbres, que lucha por crear un futuro mejor lejos del miedo, «ilegal».

---

4 **ponerse nervioso,-a** nervös werden – 9 **doloroso,-a** schmerzhaft – 11 **la lágrima** die Träne – 12 **echar** hinauswerfen – 13 **reprimir** *hier:* zurückhalten – 18 **tratar** behandeln – 21 **el permiso de residencia** die Aufenthaltserlaubnis – 22 **conseguir** *hier:* bekommen – 24 **luchar** kämpfen

Un adolescente incomprendido

1 Yo

Me llamo Javier Orejón Mostaza. «Orejón» significa oreja grande y «mostaza» es una salsa que se echa a las hamburguesas. Mis apellidos me dan más de un problema en el instituto. Cuando la profesora dice mi nombre, todos se ríen. Para un adolescente de catorce años, como yo, es necesario sentirse integrado en la sociedad juvenil. Además, las gafas y el aparato de dientes tampoco ayudan a ser popular. La verdad es que estoy un poco deprimido, aunque mi madre dice que soy guapo y listo. Las madres no son objetivas. Y las abuelas, tampoco.

Estoy enamorado de Sara, la chica más guapa que he visto en mi vida. Me gusta su largo pelo negro y su perfume de coco. Me quedo tan relajado cuando pienso en ella que nunca me entero de que la profesora está hablando conmigo. ¡Qué horror! ¡Me estoy transformando en un ser romántico! ¡Esto no me puede pasar a mí! Creo que Sara piensa que no puedo hablar. A veces, ella me dice algo y me pongo tan nervioso que no sé qué contestar y me quedo mudo. Estoy seguro: el amor es una enfermedad.

No fumo. Odio el olor del tabaco. De mayor quiero ser como los modelos de la televisión, con sus dientes blancos y brillantes. Mi madre dice que si fumo, voy a tener los dientes amarillos. Por eso no fumo, aunque otros lo hacen y Sara habla con ellos porque ellos sí fuman. La vida es dura e injusta.

---

1 **la oreja** das Ohr – 4 **reírse** lachen – 5 **el/la adolescente** der/die Jugendliche – 7 **popular** beliebt – 14 **enterarse de algo** etw. mitbekommen – 18 **mudo,-a** stumm – 20 **fumar** rauchen – 24 **injusto,-a** ungerecht

2 Una abuela original

Hoy estoy en casa de mi abuela Horacia. Hoy hemos comido en un restaurante chino. A mi abuela le encanta comer allí y, sobre todo, beber el licor de flores. Creo que el licor no le sienta nada bien, porque le provoca sueño. Ahora mismo sus ronquidos se oyen en mi habitación y en todo el edificio. Nuestra vecina Conchita está llamando a la puerta. Seguro que quiere saber qué le pasa a mi abuela. A nuestra vecina le gusta saber todo sobre todo el mundo.
Ni mi abuela, ni Conchita pudieron estudiar porque cuando eran pequeñas había una guerra y no pudieron ir a la escuela. Sin embargo, mi abuela es una mujer culta porque leyó muchos libros y viajó a muchos lugares con mi abuelo.
Me encantan las historias de sus viajes por Europa, por América y por África. Una vez la atacó un león cuando estaba en Etiopía. Pero dice que el león huyó cuando vio su cara de enfadada. Mi abuela es muy divertida y bastante despistada. Puede estar horas buscando sus gafas y después se da cuenta de que las lleva en la cabeza. También le gusta mucho cantar canciones de cantantes de su época aunque alguna vez me sorprende bailando música de Shakira.
Mi abuela no comprende mis problemas de adolescente. Pero cuando ve que estoy triste, me invita a un helado o me arropa y me da un beso de buenas noches cuando me voy a dormir, y la verdad es que duermo muy feliz.
La edad no es importante, lo realmente importante es tener un espíritu joven.

---

4 **(no) sentar bien** (nicht) gut tun – 4 **provocar sueño** müde machen –
5 **el ronquido** das Schnarchen – 10 **la guerra** der Krieg – 11 **sin embargo** trotzdem – 14 **el león** der Löwe – 15 **huir** fliehen – 16 **despistado, -a** schusselig –
17 **darse cuenta de** merken – 22 **arropar** zudecken – 25 **la edad** das Alter –
26 **el espíritu** der Geist

3 No estoy hecho para el deporte

Soy torpe y no lo puedo evitar. Antes de empezar en clase de Educación Física, rezo a todos los dioses del mundo para no hacer el ridículo. A lo mejor parece demasiado exagerado, pero es la verdad. El martes en Educación Física teníamos que jugar al baloncesto. Mi compañero Raúl me pasó el balón con tanta fuerza que tropecé y me caí. La mala suerte mandó el balón a la cara de mi querido profesor que tuvo que ir a la enfermería.

No sé nadar porque tengo miedo al agua. No juego al fútbol porque no puedo correr porque tengo asma. Y la última vez que monté en bicicleta, atropellé a mi vecina Conchita y se lo contó a todo el mundo.

A mí lo que se me da bien es sentarme en el sofá, ver la televisión y comer palomitas. Por eso estoy un poco gordito. Mi padre también está gordito y mi madre lo quiere mucho. Espero que Sara no se fije mucho en mi físico.

Mi amigo Paco me dijo que para enamorar a una chica es importante bailar muy bien. Por eso aprendí la coreografía de una canción de Michael Jackson. Paco me prestó una chaqueta y un sombrero igual que los del cantante. El viernes quise mostrarle a mi futura novia mi talento artístico. Ella estaba hablando con dos amigas, cuando empecé a bailar. Se quedó bastante sorprendida, pero no le debió de gustar mucho porque cada vez que me ve, empieza a correr. ¡Las mujeres son muy complicadas!

---

1 **torpe** ungeschickt – 1 **No lo puedo evitar.** Das ist nun mal so. – 2 **rezar** beten – 2 **el dios** der Gott – 3 **hacer el ridículo** sich lächerlich machen – 3 **exagerado,-a** übertreiben – 6 **tropezar** stolpern – 6 **caerse** (hin)fallen – 6 **la mala suerte** das Pech – 8 **la enfermería** die Krankenstation – 11 **atropellar** anfahren – 13 **se me da bien...** ich bin gut in ... – 14 **las palomitas** das Popcorn – 16 **fijarse en algo** auf etw. achten – 21 **futuro,-a** zukünftig – 21 **el talento artístico** die künstlerische Begabung

4 El lado positivo de las cosas

Ayer empezaron las vacaciones y tengo todo un verano para poder divertirme y descansar de deberes. Mi padre me ha dicho que mañana nos vamos de vacaciones a Valencia. Allí tengo algunos amigos del verano pasado y voy a poder ir con ellos a la playa. El verano es la mejor estación del año, sin duda alguna.

Ya estoy en Valencia. Tan solo llevo un día y me ha dado tiempo a comer paella, ir a la piscina del hotel, a resbalar, a romperme una pierna y a conocer el hospital de aquí. Creo que van a ser las peores vacaciones de la historia. Mis padres dicen que tengo que buscar el lado positivo. No sé qué puede tener de positivo no poder andar en un mes. Por cierto, mi padre me ha apuntado a un curso de verano para aprender a jugar al ajedrez. Dice que como tengo una pierna rota y no puedo hacer deporte, puedo hacer ejercicio con la cabeza.

Mi madre me ha regalado un libro. Dice que es un clásico de la literatura universal. Lo escribió un famoso escritor español llamado Cervantes y no sé cómo pudo escribir tan bien porque al pobre hombre le faltaba una mano. El libro tiene el título *Don Quijote de la Mancha*. Es un poco raro, empieza así: «En un lugar de la Mancha, de cuyo nombre no puedo acordarme». Creo que si consigo leer esta novela voy a ser mucho más inteligente.

---

5 **sin duda alguna** zweifellos – 8 **resbalar** ausrutschen – 8 **romperse algo** sich etwas brechen – 12 **andar** (zu Fuß) gehen – 13 **apuntar** anmelden – 14 **el ajedrez** das Schachspiel – 15 **ejercicio** *hier:* der Sport – 17 **el escritor** der Schriftsteller – 19 **faltar** fehlen – 21 **cuyo, -a** dessen/deren – 22 **si lo consigo...** wenn es mir gelingt ...

5 Soy un chico nuevo

Hace tiempo que me he despedido de mis complejos. Ahora soy un chico con suerte. Mi pierna ya está bien y tengo que decir que el verano no fue tan malo como esperaba. Aprendí a jugar al ajedrez tan bien que me apunté a un concurso del hotel y lo gané. El premio es un viaje a Buenos Aires, que está en Argentina, con una guía que me va a enseñar los lugares más famosos de la ciudad. ¡Voy a estar una semana gratis! Así que voy a ver la costa del Río de la Plata, aprender a bailar el tango y voy a comer comida riquísima. Mi amigo Paco me ha dicho que el acento argentino les gusta mucho a las chicas y que los argentinos son muy románticos. Seguro que si hablo con acento argentino, Sara se va a enamorar locamente de mí. Mi vida no puede ir mejor. No hay nada como visitar lugares nuevos y conocer gente diferente.

Por cierto, he decidido que voy a vencer mis problemas de juventud. Al fin y al cabo, mucha gente lleva gafas y el aparato de dientes me lo quitan en un año. El problema de los kilos se puede solucionar si como mejor y hago algo de deporte. Aunque no soy bueno para el ejercicio, puedo pasear, por ejemplo. Además, de mayor voy a ser escritor, como Miguel de Cervantes. ¿Quién sabe? A lo mejor en un futuro puedo ganar más premios como este.

---

1 **despedirse** sich verabschieden – 4 **el concurso** der Wettbewerb – 5 **ganar** gewinnen – 15 **vencer** *hier:* überwinden – 16 **al fin y al cabo** letztendlich

Ejercicios

El suspenso

1. Marca si estas frases sobre el texto son verdaderas (V) o falsas (F).

	V	F
a) Gema y Pablo suspenden Lengua y Literatura.		
b) Pablo escribe un mensaje a Gema.		
c) Gema y Pablo buscan información en Internet.		
d) Gema va sola al museo reina Sofía.		
e) Sofía les va a ayudar en el verano.		

2. Ordena estas frases cronológicamente según la historia.

   ___ Pablo va a casa de Gema.
   ___ Los padres no están contentos.
   ___ Pablo y Gema encuentran a la persona misteriosa.
   ___ Van al museo Reina Sofía.
   ___ Comen un bocadillo de calamares.
   ___ Los dos buscan información en Internet.
   ___ Gema y Pablo reciben un mensaje misterioso.

3. Busca en el texto el nombre de…

a) un barco: _____

b) dos pintores: _____

c) cuatro alimentos: _____

Carmen

1. Completa el crucigrama con la traducción al español de las siguientes palabras que aparecen en el relato *Carmen*.

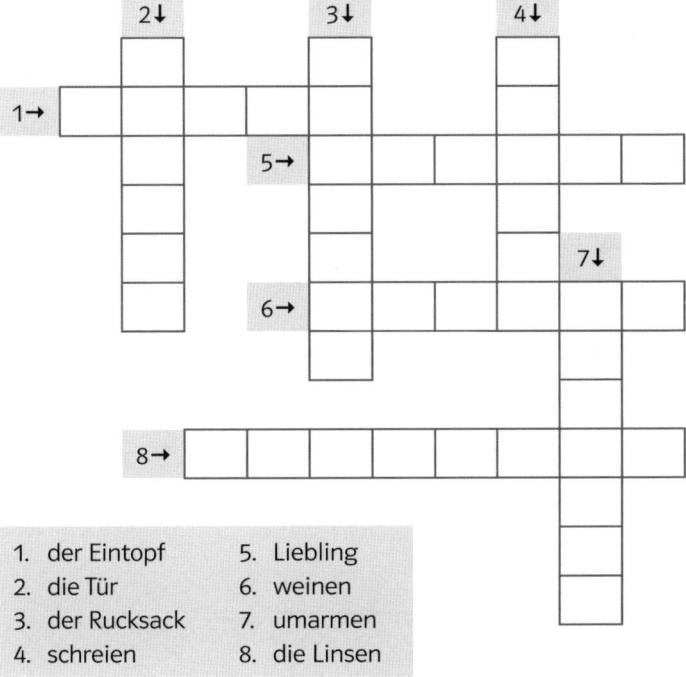

1. der Eintopf
2. die Tür
3. der Rucksack
4. schreien
5. Liebling
6. weinen
7. umarmen
8. die Linsen

2. La madre le da a Carmen unos consejos. Escribe tú otro consejo para ella.

_____

_____

_____

El misterio de Tikal

1. Lee el texto hasta la línea 10, pág. 16, y elige la opción correcta.

    1. ¿Dónde está la familia de Paula?
        a) En la selva de Guatemala.
        b) en una playa de Guatemala.
        c) en un pueblo de Guatemala.

    2. ¿Qué quieren hacer Paula y su familia?
        a) Quieren ver animales exóticos.
        b) Quieren visitar las ruinas de Tikal.
        c) Quieren tomar el sol en la playa.

    3. ¿Qué le gusta a Paula?
        a) Le interesan los animales exóticos.
        b) Le gusta la historia.
        c) No le gusta el viaje, quiere volver a casa.

2. Lee el texto hasta la línea 49, pág. 18, y haz los siguientes ejercicios:

a) Ordena estas frases para resumir el texto.

- Cuando Paula grita «No», hay un tumulto.
- En la cueva Paula encuentra a un chico que la fascina.
- Dos hombres traen un jaguar a la sala.
- Paula y el chico se van a la selva y Paula se duerme.
- Los dos entran en una sala con mucha gente.
- El chico misterioso ayuda a Paula a salir de la cueva.
- El chico lleva la antigua ropa de los mayas.

b) Marca las palabras que describen al chico misterioso.

- [ ] el taparrabos
- [ ] la barba
- [ ] las gafas de sol
- [ ] pintado de azul y blanco
- [ ] la lengua maya
- [ ] la ropa moderna
- [ ] los ojos azules
- [ ] el pelo moreno
- [ ] la mancha en forma de media luna

3. Lee la última parte del relato (de la l. 10, pág. 18 hasta el final) y marca si estas frases sobre el texto son verdaderas (V) o falsas (F).

	V	F
a) Cuando Paula se despierta, está sola.		
b) Un guía le dice que ya no hay ceremonias en Tikal.		
c) Paula tiene un símbolo en la pierna.		
d) El símbolo que lleva Paula es un quetzal.		
e) Según una leyenda, un príncipe maya desapareció con una diosa.		
f) Paula olvida rápidamente la historia.		
g) Al final, Paula y su familia regresan a España.		
h) Paula está contenta de poder volver a Madrid.		
i) Paula quiere estudiar Biología.		
j) En el avión, Paula ve al chico maya.		

4. Escribe el posible diálogo entre Paula y el joven en el avión en tu cuaderno.

El pequeño y el gran don Quijote

1. Marca si las siguientes afirmaciones sobre el texto son verdaderas (V) o falsas (F).

	V	F
a) Fran vive en Barcelona.		
b) Ha sacado mala nota en inglés.		
c) El amigo de Fran se llama Ramón.		
d) Gonzo es el profesor de Matemáticas.		
e) El padre de Fran es médico.		
f) El libro que lee Fran se titula *Don Quijote de la Mancha*.		
g) El padre de Fran encuentra un puesto de trabajo en Alemania.		
h) El padre de Fran habla con el director del instituto.		
i) El director está enfadado con los alumnos.		
j) Los alumnos pueden hacer otra vez el examen de Matemáticas.		

2. ¿Por qué a Fran no le gusta volver a casa?

3. ¿Por qué crees que Fran quiere leer El Quijote?

_____

_____

_____

_____

4. Explica con tus palabras el título del realto.

_____

_____

_____

_____

_____

5. Escribe una situación en la que le puedas decir a una persona que es un pequeño o un gran don Quijote. Te la puedes inventar o ser una situación que conozcas.

_____

_____

_____

_____

Kolu

1. Marca si las siguientes afirmaciones sobre el texto son verdaderas (V) o falsas (F).

	V	F
a) Los dos amigos son del mismo país.		
b) Los padres de Kolu trabajan mucho.		
c) A la familia del amigo de Kolu le gusta que su hijo tenga amigos de otras culturas.		
d) La familia de Kolu es rica.		
e) Kolu vive en el piso once.		

2. Marca qué actividades hacen los dos amigos juntos.

   a) jugar al fútbol ☐
   b) cocinar ☐
   c) dormir la siesta ☐
   d) jugar con la videoconsola ☐
   e) leer ☐
   f) pasear ☐
   g) ver la tele ☐
   h) hacer los deberes ☐

3. Busca en el texto las palabras y expresiones que muestran cómo se siente el protagonista cuando se entera[1] de que su amigo no está.

   _____

   _____

   _____

   _____

   _____

---

1 **enterarse de algo** etwas erfahren

Un adolescente incomprendido

1 Yo

Marca si las siguientes afirmaciones sobre el texto son verdaderas (V) o falsas (F).

	V	F
a) Sara está enamorada de Javier.		
b) Él piensa que sus apellidos son un problema.		
c) De mayor, quiere trabajar en la televisión.		
d) El perfume de Sara lo pone nervioso.		
e) Sara tiene pelo corto y rubio.		
f) Javier lleva gafas y aparato de dientes.		
g) Javier quiere fumar para impresionar[1] a Sara.		

2 Una abuela original

Explica con tus palabras por qué la abuela es «original».

_____

_____

_____

_____

_____

_____

---

1 **impresionar** beindrucken

3 No estoy hecho para el deporte

¿Por qué Javier no practica estos deportes?

nadar: _____

jugar al fútbol: _____

montar en bicicleta: _____

4 El lado positivo de las cosas

Marca cuáles de estas cosas hace Javier Orejón en sus vacaciones en Valencia.

a) leer un libro ☐
b) tomar el sol ☐
c) ir al hospital ☐
d) jugar al ajedrez ☐
e) nadar en el mar ☐
f) hacer deberes ☐
g) comer paella ☐
h) ir al cine ☐

5 Soy un chico nuevo

Explica por qué Javier dice que es un chico nuevo.

_____

_____

_____

_____